Pour l'édition originale produite et publiée en 2006
par Walker Books Ltd, 87 Vauxhall Walk,
London SE11 5HJ et parue sous le titre
Oscar and the frog . A book about growing

www.walkerbooks.co.uk

Pour l'édition française publiée avec l'accord de Walker Books Ltd :

www.albin-michel.fr
ISBN : 2 226 14 956 2 - N° d'édition : 13 218
Dépôt légal second semestre 2006
Imprimé et relié en Chine

OSCAR et la GRENOUILLE

UN LIVRE SUR LA CROISSANCE

Geoff Waring

Traduit par Claude Lauriot Prévost

ALBIN MICHEL JEUNESSE

Un beau jour de printemps, au bord de la mare, Oscar aperçut des petites bêtes qu'il n'avait encore jamais vues. Grenouille fit son apparition.
« Ce sont des têtards, » dit-elle.
« J'étais un têtard quand j'étais petite. »
Oscar fixa la grenouille. Elle ne ressemblait pas du tout à ces petites bêtes.
« Ne raconte pas n'importe quoi, Grenouille ! » dit-il en riant.

« C'est vrai » dit Grenouille, et elle raconta à Oscar comment grandissent les grenouilles.

« D'abord, j'étais comme un point dans un œuf, un œuf doux comme de la gelée…

J'ai grandi dans l'œuf, et je suis devenu un petit têtard frétillant.

Je respirais dans l'eau avec des « branchies », comme un poisson.

J'adorais les algues de la mare : elles m'ont fait grandir.

Puis mes branchies
ont disparu,
et j'ai respiré avec
des poumons.
Mes pattes arrière
se sont développées,

puis mes pattes avant.
Et ma queue
a disparu peu à peu.

Au bout de trois mois,
j'étais devenue une
petite grenouille.
En agitant mes
nouvelles pattes,
j'ai quitté l'eau pour
vivre sur la terre.

« Qui vient encore d'un œuf ? » demanda Oscar. Ils regardèrent dans la mare. Grenouille montra à Oscar des œufs qui avaient été pondus dans l'eau.

Les escargots d'eau pondent leurs œufs dans des poches de gelée, sur des cailloux ou sur des plantes.

Les libellules
pondent souvent
leurs œufs sur
une tige de plante,
juste sous
la surface de l'eau.

Les poissons pondent
beaucoup d'œufs. La perche
répand les siens en longs
rubans autour des plantes,
des brindilles
ou des pierres.

Ils explorèrent le bord de la mare et Grenouille montra à Oscar des œufs pondus au sec.

De nombreuses espèces de papillons pondent leurs œufs sur la face inférieure des feuilles. Quand les chenilles éclosent, elles mangent les feuilles.

Beaucoup d'oiseaux
construisent leur nid
en hauteur, bien
à l'abri d'animaux
qui voudraient
manger leurs petits
dès la sortie de l'œuf.

Les canards font souvent
leur nid au sol, près de l'eau.
Les canetons pourront ainsi,
en cas de danger,
s'enfuir en nageant.

« Est-ce que les plantes sortent d'un œuf ? » demanda Oscar. « Non, » dit Grenouille. « La plupart poussent à partir de graines. Et chaque plante a ses graines à elle. »

Les graines des pommiers se trouvent à l'intérieur des fruits.

Les fraisiers ont de petites graines à l'extérieur de leurs fruits.

Les coquelicots ont de toutes petites graines, si légères que l'air peut les transporter.

La plupart des graines mûrissent dans le sol. Les cacahouètes, graines de l'arachide, poussent dans la terre.

Les cocotiers ont d'énormes graines, capables de flotter.

« Est-ce que je suis sorti d'un œuf, » demanda Oscar,
« ou bien est-ce que j'ai poussé à partir d'une graine ? »
« Ni l'un ni l'autre, » dit Grenouille. « Tu es né, et tu ressemblais
à ce que tu es aujourd'hui, mais en plus petit –
avec de la fourrure et des griffes, des oreilles et une queue.
Tu adorais le lait de ta maman ! »

« Pourquoi est-ce que j'aimais le lait ? » demanda Oscar.
« Il te faisait grandir, » dit Grenouille.
« Du lait pour toi, des algues de la mare pour moi...

des feuilles
pour ces chenilles...

et des bestioles
pour ces petits
oiseaux.
Nous avons
tous besoin
de nourritures
différentes
pour grandir. »

Oscar s'étira. « Je suis vraiment grand maintenant. »

« Mais tu deviendras encore plus grand, » dit Grenouille.

« Toi aussi ? » demanda Oscar.

« Moi, j'ai arrêté de grandir ; je ne serai jamais plus grande que maintenant, » répondit Grenouille.

« Combien de temps
ça prend pour
devenir grand ? »
demanda Oscar.

« Ça dépend, » dit
Grenouille. « Cette
fleur sera tout à fait
grande dans
quelques jours...

mais ce petit arbre ne sera grand que
quand toi tu seras un très vieux chat…

« Les bébés oiseaux seront aussi grands que leurs parents au printemps prochain, » poursuivit Grenouille, « mais il faudra trois printemps ou même plus aux têtards pour être aussi grands que moi. Chaque créature vivante prend son temps à elle. »

Juste à ce moment, Oscar vit venir sa maman.

« Qu'est-ce qu'il va m'arriver à moi ? » demanda-t-il à Grenouille.
« Combien de temps je vais rester un chaton ? »
« Tu seras un grand chat cet hiver, aussi grand que ta maman, » dit Grenouille

Oscar regarda sa maman.
Elle était beaucoup plus grande que lui.

« Ne dis pas de bêtise,
Grenouille ! »
« Mais c'est vrai, »
dit Grenouille.
« Tu verras bien ! »

Pensons encore un peu à la croissance

Au bord de la mare, Oscar découvrit des tas de choses…

Les commencements

Les créatures vivantes commencent leur vie de façons différentes.

certaines sortent d'un œuf,

certaines poussent à partir d'une graine,

certaines naissent.

Comment as-tu commencé ?
Au cours d'une promenade, demande-toi si ce que tu vois est venu d'un œuf, d'une graine ou bien est né.

La nourriture

Les êtres vivants doivent manger pour grandir. Ils ne mange[nt] pas tous la même chose.

des algues

des feuilles

des petites bêtes

Qu'est-ce qui t'a fait grandir quand tu étais tout petit ?
Que manges-tu maintenant pour bien grandir ?

Devenir plus grand

Les créatures vivantes ne grandissent pas toutes à la même vitesse.

en quelques jours

en quelques mois

en quelques années

en de nombreuses années

Combien de temps te faudra-t-il

pour devenir aussi grand que ta maman ?

Index

Regarde le numéro des pages pour trouver les choses sur la croissance

Oscar pense que c'est formidable de grandir ! Et toi ?